ELOGE

DE LOUIS,

DAUPHIN DE FRANCE.

ÉLOGE DE LOUIS,

DAUPHIN DE FRANCE.

Par M. l'Abbé LE COUSTURIER D'IBERVILLE, Docteur en Théologie, Chanoine de l'Eglise Royale de Saint-Quentin, Conseiller en la Chambre Souveraine des Eaux & Forêts de France, Maître des Requêtes des Maison & Finances de Monseigneur le Comte d'Artois, & Prédicateur du Roi.

Ed io anche fon pittore.

A PARIS,

Chez { MÉQUIGNON le jeune, au Palais,
L'ESCLAPART, Quai de Gêvres.

M. DCC. LXXIX.

Avec Approbation.

ÉLOGE
DE LOUIS,
DAUPHIN DE FRANCE.

CE n'eſt pas un Eloge tardif qu'on entreprend aujourd'hui à la gloire de Louis-Dauphin. Toute la France a retenti de ſes louanges; & ces Eloges différens, dictés par la douleur publique, embellis par l'éloquence de l'ame, & dépoſés dans les cœurs, feront juſtifiés aux yeux de la poſtérité, à meſure qu'elle s'avance; ici rien ne parle aux yeux: parmi les Princes que la France honore, le nom de LOUIS-Dauphin ſera toujours conſacré par l'admiration. L'héritier d'une couronne n'a pas le même avantage que celui qui la poſſede; l'éclat du trône fixe & éblouit tous les yeux; & les rayons qui en partent, ſemblent éclipſer tous les talens & confondre tous les hommages. L'Hiſtoire a marqué la place des Princes qui ont gouverné cette Monarchie; pluſieurs de ceux qui devoient leur ſuccéder, les

A

ont précédés au tombeau : leurs talens & leurs vertus ont été éclipsés avec eux. Quand un Prince, né pour régner un jour, se rend capable de remplir avec gloire une si haute destinée, ses exemples paroissent trop intéressans, pour laisser à la postérité reculée le soin de les consacrer au temple de mémoire.

Après tous les Eloges dont la France a retenti du Prince qu'elle regrette, une Société de vrais Citoyens, zélée pour la gloire du Prince qui n'est plus, avoit paru (a) désirer que ses vertus fussent encore retracées aux yeux des François. Si c'étoit un malheur chez les Anciens de mourir sans avoir obtenu d'Eloge funebre, ne semble-t-il pas que ce soit un double éloge, pour ainsi dire, pour le Dauphin, de voir une classe de Citoyens éclairés, qui joignent à d'autres mérites celui de rester inconnus, ranimer sa cendre après quinze années d'intervalle & de silence (b), pour lui décerner de nouveaux honneurs ? Parmi les portraits que la Vérité a présentés dans le temps de ce Prince si digne de nos regrets, cette Société a jugé qu'il étoit un côté par où l'on pouvoit l'envisager encore, & qu'il n'étoit pas impossible d'ajouter de nouveaux traits à son tableau

____

(a) Cet Eloge a été proposé en 1778 & 1779.

(b) Monseigneur le Dauphin mort à Fontainebleau le 20 Décembre 1765, à huit heures du matin.

le plus vrai (*a*). Effayons de répondre à des vues
fi louables & fi confolantes pour la France. Après
les tableaux de Raphaël & de Michel-Ange , on
aime à baiffer les yeux fur ceux de l'Albane &
du Corrége.

PREMIERE PARTIE.

LES regards que nous jetons de loin fur la tombe
de LOUIS-Dauphin , ne font pas des regards de
trouble & de douleur : que ferviroient à fa cendre
froide des regrets & des larmes, qui ne pourroient la ranimer ? Ainfi je ne chercherai point
à exciter de nouveaux regrets , par la peinture
des qualités qui rendirent le Dauphin recom-
mandable ; je ne retracerai point les circonftances
de fa naiffance ; je ne vous peindrai point la
France , épuifée après un regne de conquêtes
& de victoires , attendant un Dauphin pour la
confoler de fes avantages & foutenir fes efpé-
rances ; franchiffons l'intervalle des temps. Une
premiere éducation à laquelle avoient préfidé la
Probité & la Religion, fit voir ce que l'on pouvoit efpérer d'un Prince avide de s'inftruire : dans
toutes les inftructions qui regardoient la Reli-

(*a*) L'on avoit défiré que Monfeigneur le Dauphin
fût repréfenté comme un Prince dont la Religion a con-
facré les vertus , & dont la premiere a été de fe dérober
à l'admiration de fon fiecle.

gion, on le trouvoit attentif, dans un silence de respect. Son ame, éclairée des lumieres dont la Religion l'entouroit par la voix de ses Ministres, s'accoutumoit à adorer les Mysteres qu'elle couvre d'un voile impénétrable : à mesure qu'il avançoit en âge, ses demandes étoient plus fortes, & ses réflexions plus approfondies. En voyant le Dauphin si fidele aux pratiques de cette Religion, autant que la dignité de son rang pouvoit les admettre, ami de la sévérité qu'elle prescrit, soumis à ses oracles, pénétré de vénération pour ses conseils, animé de cette foi simple & sublime qui soutenoit ses actions, on ne pouvoit ne pas admirer l'empire de cette Religion sur le cœur d'un jeune Prince ; & l'on est forcé de convenir aujourd'hui qu'elle a fait le principal mérite de sa vie, & la gloire de sa mort.

Ce temps d'une premiere éducation, perfectionnée autant qu'elle pouvoit l'être selon les loix & l'usage, étant expiré, L o u i s apperçoit de plus près le trône, sur les marches duquel la main souveraine l'a placé : il voit, sous un jour nouveau, le fardeau qui doit lui être imposé, & se prépare à le porter. Nous savons aujourd'hui que, renfermé dans un silence littéraire, il avoit embrassé la connoissance de toutes les sciences qui devoient l'éclairer & l'instruire pour le bonheur du peuple qui lui est destiné : science du

Gouvernement , commerce , finance , légiflation , telle qu'elle doit être l'étude du Souverain , ou de celui qui doit l'être ; » car l'ignorance , difoit-il , » a produit prefqu'autant de tyrans dans les Mo- » narchies, que l'ambition dans les Républiques «.

Mais , parmi les connoiffances qu'il acquiert , celle de la Religion lui parut devoir être la pre- miere : il en médita la néceffité ; il en connut l'importance ; il s'attacha à en étudier les preuves , à en pénétrer les principes , à connoître les fyf- têmes inventés contre elle , les objections qu'on lui oppofe , & les réponfes bien capables de fa- tisfaire tout efprit jufte & éclairé. Cette Religion n'étoit dans lui ni préjugé, ni foibleffe, ni fu- perftition ; c'étoit conviction , c'étoit perfuafion , fondée fur la parole d'un Dieu vengeur du vice, & rémunérateur de la vertu ; c'étoit une vertu folide & réfléchie , qui réuniffoit toutes les autres : il la regardoit, cette Religion , comme un frein néceffaire dans un Etat contre les paffions hu- maines : il vouloit, pour me fervir de fes expref- fions, » que le trône portât l'empreinte de la Di- » vinité : c'étoit, felon lui, déshonorer la Religion » que l'on profeffe ; c'étoit blafphémer contre elle, » de foutenir que les maximes de l'Evangile ne » s'accordent pas avec celles du Gouvernement. » C'eft la Religion, difoit-il, qui établit les Rois » comme les Royaumes ; l'ambition ou la mau-

» vaife foi ont renverfé beaucoup de trônes ; la
» juftice & l'équité les ont toujours foutenus ou
» affermis «.

Heureux les Peuples , dont les Princes cher-
chent en Dieu même les regles qu'ils doivent
fuivre pour les gouverner , qui interrogent la
fageffe, la juftice de l'Etre fuprême, pour puifer
dans cette fource facrée les moyens de rendre
les hommes heureux eux-mêmes !

Eh ! comment le Dauphin ne fe feroit-il pas
empreffé de faire régner avec lui la Religion,
lui qui penfoit de la Religion avec tant de grandeur ? Ce feroit affoiblir fes fentimens , que de
changer fes paroles : » Toute puiffance , écrivoit-il,
» vient de Dieu , & doit retourner à Dieu ;
» c'eft lui qui a formé les hommes , qui les a
» diftribués dans les différentes régions qu'ils
» habitent , qui leur a donné en fpectacle ce
» vafte univers , monument de fa gloire ; c'eft
» lui qui a mis dans le cœur les premieres idées
» de l'Etre fuprême ; c'eft lui qui a donné aux
» Peuples des Souverains , & qui éleve les Sou-
» verains pour le bonheur des Peuples «. Combien de telles penfées , tracées par la main d'un
jeune Prince qui doit régner , devoient-elles
élever fon ame ?

Il me femble en ce moment entendre la voix
du Dauphin qui s'écrioit : Religion fainte , éma-

née du sein de Dieu même, descendue sur la terre, & parvenue jusqu'à nous au milieu de tant de révolutions & d'obstacles ; ô toi ! qui es assise, dès l'origine de ce Royaume, sur ce trône où je tremble de monter ; si tu dois m'y conduire un jour, que ce soit pour y régner avec moi, & avec ceux qui doivent s'y asséoir après moi à jamais !

Le zele de L o u i s Dauphin pour la Religion de ses peres, étoit d'autant plus vif & plus senti, qu'il la regardoit comme le premier devoir de l'homme, qui pût influer efficacement sur les mœurs. » Ce sont les mœurs, disoit-il, qui font » le véritable Citoyen ; c'est la Religion qui forme » les mœurs «. Avouons que notre politique moderne les a trop négligées ; elle a travaillé sur le faîte, & les fondemens tombent en ruine. La Religion peut tout sans les Loix, les Loix ne peuvent rien sans la Religion. Elles ne regardent dans l'homme que les actions extérieures ; elles ne répriment que les atteintes contre l'ordre public & politique : la Religion seule touche, pénetre, dirige l'homme tout entier : quand les Loix sont forcées de se taire, la Religion seule supplée à la législation : quand Rome étoit en péril, dit Tacite, » le vaisseau de la République trouvoit une » ancre sûre contre les tempêtes.. la Religion (a). «

____

(a) Tac. Annal. l. XXIV.

Le Dauphin avoit bien obfervé que le Prince légiflateur contemple les vices de fes fujets par la hauteur de fes vues ; que par fon autorité il les conduit aux pieds du trône ; que là il proclame fes Loix comme une barriere à la nature, aux faillies qui l'égarent, un préfervatif contre les orages qu'elle fait naître ; que de la réunion de fes Loix ainfi proclamées, il conftruit un édifice élevé, terrible, durable, inacceffible aux révoltes des paffions & de la violence ; mais que fi la Religion n'en cimente les fondemens, bientôt l'édifice s'écroule, & ne paroît que l'ouvrage de l'homme : en effet, pourquoi cet amas de Loix, ces profondeurs de raifonnemens prévus, combinés ? Sondons les cœurs, & voyons fi la Religion les foumet, les captive : voilà le nerf, le fondement, le nœud, le chef-d'œuvre de la politique.

Ce Trône où il devoit monter, il le voit envahi d'abord par les conquêtes, confervé par la modération, enfuite enfanglanté par la difcorde, donné, repris par des mains avides, poffédé pendant un court intervalle par des Princes peu dignes de leur nom, toujours relevé après avoir écrafé deux races de Rois, repouffant conftamment les horreurs du fanatifme, ayant toujours réfifté aux efforts réunis des Princes jaloux de fon éclat ; & lorfque la mort s'approche pour précipiter dans le tombeau les Princes qui s'y font

affis , il le voit arrofé fouvent des larmes de re-
pentir , que la Religion fait répandre.

Il favoit que cette Religion, une fois affife fur
le Trône, embraffe tout le Corps de la Légiflation,
corrige les mœurs , confole le Cultivateur dans
fes travaux pénibles , appelle autour d'elle tous
les Citoyens , en compofe une famille immenfe ,
excite leur émulation , confacre leurs talens ,
amortit les vices , leur interdit toute entrée ,
enchaîne l'homme à la vertu par des liens plus
difficiles à rompre , fait également reculer la ty-
rannie & la volupté , & ne laiffe affeoir à côté
d'elle que la Vérité & la Juftice.

Il fut fur-tout un fpectacle où cette Religion
vint fanctifier l'ame fenfible & compatiffante du
Dauphin ; à ce jour à jamais mémorable pour
la France , où cette ardeur pour la gloire , que
l'ambition fait appeler valeur , le conduifit fur
les pas de fon Pere & de fon Roi ; lorfqu'il vit
exécuter fous fes yeux ces grands principes dont
il s'étoit nourri , fur l'art funefte & néceffaire
de la guerre; » de l'éviter fans la craindre, de
» la foutenir fans l'aimer; de s'expofer au péril,
» & de le connoître; de favoir verfer fon fang
» & ménager celui de fes peuples ; que l'efprit
» de conquêtes & la terreur des armes, ne don-
» nent qu'un éclat paffager , acheté au prix de
» l'aifance & de la tranquillité des fujets , fuivi

» par conséquent de l'affoiblissement de l'Etat «. Lorsque la Religion lui montra des milliers d'hommes, victimes de la vengeance, de la justice ou du caprice des Rois, armés pour se disputer quelques morceaux de terre ; ces hommes noyés dans le sang pour un point d'honneur qui se pese avec de l'or, périssant d'une mort prévue & presque assurée, au moment qu'ils se présentent pour l'affronter ; détestant la main qui la leur donne, arrachés à la vie qu'ils regrettent, à une famille qui les pleure, à l'Etat qui les perd ; lorsqu'il voyoit autour de lui un tas de cadavres amoncelés les uns sur les autres, séparés des ames qui les avoient animés sur la terre pendant le court espace de leur vie , & qui sont portées devant le Juge immortel. Quel spectacle pour un Prince qui le contemple avec les yeux de la Religion ! Son courage étoit d'autant plus vrai, qu'il étoit soutenu par de telles vues : » Eh ! qu'il en coûte à un bon cœur, s'écrioit-il, » pour remporter une victoire ! «

Ce même amour qu'il avoit pour la Religion connue, admirée, pratiquée, lui faisoit rassembler autour de lui, accueillir, quelquefois consulter les hommes les plus recommandables à ses yeux de ce côté : tel on avoit vu un S. Louis au milieu des Sorbon, des Thomas, des Bonaventure. Et ne croyez pas que ce respect pour la Religion de ses Peres, qui les faifoit defcendre à des œuvres de piété qu'elle confeille ou qu'elle prefcrit, qui fouvent l'a conduit dans ces afiles qu'elle a élevés, où elle renferme des hommes affez courageux pour fe dévouer à ce renoncement entier, qui fait frémir la nature & la fenfualité, fût dans le Dauphin l'effet d'une piété aveugle qui ne fait pas diftinguer les limites de la prudence & de l'autorité : il favoit, il écrivoit, » que ce n'eft pas » honorer cette Religion, que d'honorer feu- » lement les titres de ceux qui la fuivent «. C'eft ce difcernement qui lui dicta ces principes fur lefquels il s'appuyoit; » de connoître la protec- » tion que les Souverains doivent aux Ecclé- » fiaftiques, les précautions qu'ils doivent prendre » contre leurs entreprifes, en quoi ils font fou- » mis aux Juges ordinaires, en quoi ils en font » indépendans «.

Conduit par cette même piété qui éleve l'ame dans le temps qu'elle fait abaiffer à des démarches obfcures qu'elle confacre, on l'a vu defcendre dans ces afiles de la vertu, où fon premier mérite eft d'y refter enfevelie & inconnue ; c'eft là qu'au milieu de ces Solitaires enterrés dès leur vivant, la Religion faifoit difparoître à fes yeux l'intervalle qui fépare ici-bas les hommes fur la terre ; c'eft là qu'on a entendu l'héritier de la Couronne de Saint Louis, enfeigner, répéter,

» qu'entre la plus belle couronne du monde, & la
» couronne de l'immortalité, il n'eſt qu'un inſtant «.

Elle ſourioit avec complaiſance cette douce &
ſenſible Humanité qui inſpiroit L o u i s-Dauphin, & qui, dans les Monarchies, eſt le caractere diſtinctif de ceux qui doivent régner, lorſqu'elle remarquoit les ſentimens qu'elle avoit mis
dans ſon ame, conſacrés par la Religion, & ſe
produire au dehors ; lorſqu'elle entendoit ce
jeune Prince ſouhaiter de voir porter aux pauvres Habitans de la campagne une partie
des revenus dont l'Etat le gratifioit ; lorſqu'elle
le voyoit inſtruire ſes auguſtes Enfans, des grands
principes de cette Religion de leurs Peres, leur
ouvrir lui-même le livre où leur engagement ſous
les drapeaux de cette Religion ſainte étoit inſcrit,
& les faire reſſouvenir qu'entre les enfans des
Rois, & des autres hommes, il n'y a de diffé-
rence qu'un nom ; que tous ont les mêmes com-
mencemens & la même fin.

Sainte & ſublime Religion, vous qui avez
éclairé, rempli l'ame du Dauphin dès ſes plus
tendres années, qui avez conduit ſes pas pendant
trente ans, affermi ſes démarches toute ſa vie,
éloigné de lui tous les vices, raſſemblé près de
lui, en lui, toutes les vertus, pour les conſacrer;
qui fûtes faire fuir devant lui, préjugé, foibleſſe,
ſuperſtition ; régnez à jamais à côté du Trône que

vous fanctifiez depuis tant de fiecles ! . . . Oh !
mes Concitoyens, fachons rendre hommage à
cette Religion qui préfide à cet Empire : quelle Nation, depuis fon origine, lui a été plus fidelle que
vous ? Quels maux n'avez-vous pas éprouvés, lorfque la licence, aidée du fanatifme, a effayé de reculer les limites pofées par cette Religion immor-
telle ? Toujours elle fera une barriere infurmon-
table à la dépravation des mœurs, & les Citoyens
religieux feront toujours des Citoyens ver-
tueux.

SECONDE PARTIE.

Lorsque Louis-Dauphin, après fa premiere
éducation achevée, telle qu'elle convient à un
Prince né pour la Monarchie, fe vit porté par
fon rang fur le plus beau théatre du monde ; quel
fpectacle s'offre à fes yeux ouverts par la réflexion
& l'expérience ? L'Europe ébranlée par le choc
& l'ambition des Princes & des Rois qui y do-
minent ; la France attaquée par différens côtés,
forcée de fe défendre, entraînée par la néceffité
des circonftances & des combats ; la fucceffion
de la Maifon d'Autriche, difputée par quatre
Puiffances rivales ; une partie de fes vaftes Etats
envahie par un Prince trop voifin ; le feu de la

guerre ranimé par le souffle de la mort d'un Empereur, & l'Europe embrasée dans toute son étendue.

C'est dans ce moment d'une fermentation générale, que L o u i s-Dauphin entre (*a*) dans le sanctuaire où se décide le sort de vingt millions d'hommes, qui doivent être un jour ses sujets ; & comment y paroît-il ? Dans la représentation modeste d'un disciple privilégié, qui vient à l'école du Trône s'instruire des grands objets sur lesquels il a médité des années entieres dans l'ombre d'une retraite obscure & ignorée.

Auguste obscurité, que tu nous dérobois de trésors ! C'est dans cette retraite de son cabinet littéraire, que le Dauphin s'étoit persuadé de la nécessité où se trouve un Prince destiné à régner, d'être éclairé par les Loix ; que le premier caractere de Roi vient de celui de Juge ; que cette diversité de Loix, formée par la diversité d'opinions, diversité si approuvée par les uns, si blâmée par les autres, impose au Prince le devoir d'être instruit ; que si l'étude approfondie de la Jurisprudence n'est pas celle du Souverain, ni de celui qui doit l'être, il doit en posséder l'esprit ; que l'œil du Prince, éclairé par une clarté vive & rapide de cette science, n'est que plus

---

(*a*) Le Dauphin entre au Conseil.

attentif & plus sûr à se fixer sur le bonheur des peuples, à en saisir les moyens; que tous les grands Princes s'étoient ressemblés dans cette maniere de penser, & avoient acquis par là une célébrité bien méritée : obscurité vénérable, dont le secret avoit enhardi la critique audacieuse, jusqu'à demander ce que faisoit le Dauphin.

Ce que fait le Dauphin? Apprenez-le, Peuples sur lesquels il doit régner un jour. Il veille pour vous; il s'occupe de votre bonheur; il s'instruit de vos intérêts; il porte les regards sur vos besoins; il se rend digne de vous commander; il vous prépare des regrets de le perdre. O vous ! Ministres des Puissances étrangeres, souvent rivales, quelquefois ennemies, qui venez entourer le Trône de la France, pour en admirer, en augmenter la splendeur, en examiner la solidité, en découvrir la marche, en arrêter les progrès, que pensiez-vous en voyant le Dauphin, toujours accompagné de cette affabilité circonspecte, recevoir vos hommages dans un silence discret & ménagé, ne le rompre que pour se transporter avec vous, par ses entretiens, au milieu de votre propre Nation, parler votre langue, démêler les intérêts, les caracteres des Puissances qui vous envoyent, vous développer l'histoire des Tudor & des Stuard, non en homme curieux qui n'a cherché qu'à charger sa mémoire d'anec-

dotes piquantes & inutiles ; mais en Politique
sage & profond ; qui voit les événemens dans
leurs causes, saisit la marche des passions, ba-
lance le poids de l'autorité, juge les hommes,
& même les Rois?

Quelle fut honorable pour le Dauphin cette sur-
prise où se trouva un Ministre, lorsqu'au sortir
du Conseil, où il n'avoit eu le temps que d'éta-
blir les principes de la question à décider ! » Il
» me semble, lui dit le Dauphin, que vos con-
» clusions seront différentes de celles d'un Juris-
» consulte célebre «. Est-ce là le langage d'un jeune
Prince livré à la dissipation, ou aux prestiges de
la vanité?

Que ne nous est-il permis de suivre le Dauphin sur les traces où l'a conduit cette modestie toujours attentive à se dérober à l'admiration
de ceux qui l'entouroient ! Vous le verriez écouter
les avis des autres comme des leçons, où il pouvoit en donner lui-même, se renfermer dans
un silence qui lui déroboit une partie de sa
gloire, sans lui coûter le moindre effort. Sui-
vons-le au sortir de ce lieu qui rassemble les
premiers Dépositaires de l'autorité suprême, où
le fort de l'Etat vient de se décider. Vous cher-
cheriez en vain sur le front auguste du Dauphin,
l'empreinte de l'impression vive qui vient de
l'affecter : impénétrable aux yeux les plus inté-

ressés

reffés & les plus perçans, le double titre de fils & de premier fujet lui impofe un filence abfolu : « Le Roi, difoit-il, doit être un homme » univerfel, & le Dauphin, un homme inutile «. Quelle eft cette ame forte & fublime, qui, fur le premier degré du Trône, ne fe glorifie pas de la pénétration de fes vues, & de la fupériorité de fes lumieres ? Tous ceux qui le connoiffoient à fond, ceux qui l'avoient entendu, le félicitoient ; lui feul, fatisfait de l'aveu folitaire de fon cœur, ne parle pas à fon avantage : renoncer ainfi à toute efpece de confidération méritée à tant de titres fi rares, c'eft le dernier effort de la vertu.

Qu'elle peignoit bien la noble modeftie du Dauphin, cette méprife d'un Etranger digne de fon nom, lorfque, fortant d'un entretien profond & réfléchi fur l'art de la guerre, il demanda le nom de ce jeune Officier qui étoit fi inftruit ! Quelle dut être fa furprife, qu'elle étoit raviffante, lorfqu'à toutes fes demandes, on lui dit que ce jeune Officier s'appeloit Monfieur le Dauphin ? Qu'auroit-il dit, s'il eût fu alors qu'à tous fes mérites le Dauphin ajoutoit celui de vouloir refter ignoré ? L'ombre feule du Trône fervoit de barriere à cette bouillante ardeur qui l'animoit de fe diftinguer dans la carriere des armes. Cette carriere fembla s'ouvrir à fes défirs.

B

Quel spectacle de voir Louis XV s'attendrir sur l'impatience de son fils à aller au milieu des combats exposer une tête si chere pour lui & pour l'Etat ! Pourquoi les yeux de tous les François ne pouvoient-ils pas pénétrer alors ce qui se passa entre le Pere & le Fils ? Que ne pouvoient-ils être témoins de ce combat, bien plus intéressant que celui des armées en bataille, pour soutenir, venger, ou repousser des Puissances rivales ?

Louis, à travers les voiles que lui prêtoit sa modestie, savoit observer les hommes, entrevoir l'essor de leurs passions, faisir leurs défauts, démêler leurs caracteres, apprécier le vrai ; & ce droit de chercher à connoître les hommes, lui étoit d'autant plus acquis, qu'il possédoit les vertus opposées aux défauts qu'il reprenoit. Le grand livre du monde, ainsi qu'il parloit, lui étoit familier. Ce Prince donc, instruit dans le grand art de connoître les hommes & de les gouverner, qui, par là, connoissoit le mobile le plus fort sur les Nations, les intérêts des Puissances alliées ou ennemies, les ressorts, la trempe de l'esprit des Ministres étrangers qui gouvernoient ou l'approchoient, faisoit espérer de sortir un jour de sa retraite, pour gouverner lui-même & se montrer tout entier ; tel qu'on voit l'Astre du jour, précédé de l'Aurore qui l'annonce, paroître tout à coup au deſſus de l'hémiſphere qu'il éclaire : tels avoient été Charles V & Louis XIV.

Un goût naturel de cette noble ſimplicité qui ne peut être le partage que des ames grandes (car une ame grande n'eſt pas toujours une ame haute), le portoit à fuir le luxe & tout ce qui donne un éclat emprunté : l'empire que l'homme riche exerce ſur une foule d'hommes occupés de lui & autour de lui , ne peut émouvoir que les ames petites. Les ames à qui la nature a donné de l'énergie & de l'élévation , qui ſont ſuſcepti-bles de paſſions nobles & de grandes vertus , ont toujours dédaigné les objets de la vanité ; elles ont toujours cherché ailleurs la louange & la gloire : l'éclat des richeſſes & de l'opulence n'éblouit que le peuple ; ſi les dignités, la majeſté même du Trône en ont beſoin, c'eſt pour lui imprimer le reſ-pect extérieur. Un Dauphin , dénué de cet appareil impoſant , au milieu d'une Cour brillante , of-froit un ſpectacle bien intéreſſant. C'eſt à la faveur de cette ombre que lui prêtoit cette modeſtie qui le calomnioit ſans ceſſe , qu'il voyoit les hommes & les choſes d'un coup d'œil plus aſſuré , au milieu de cette foule d'eſclaves honorables , chargés de liens dorés , qu'ils prennent pour les ſymboles de la grandeur.

Il étoit effrayé à la vue de cette conſpiration générale pour louer les Grands ; l'Hiſtoire lui

offroit les Princes les plus loués pendant leur vie,
les plus méprifés cependant après leur mort, &
par la poftérité ; l'admiration prodiguée par la
flatterie, ou le menfonge ; les défauts de ces
Princes, regardés comme des vertus, connus de
tous, & ignorés d'eux feuls : il aimoit à répéter en
plaifantant, ce beau mot de Sénéque : » Qu'il ne
» falloit pas être bien habile pour fe boucher
» les oreilles avec de la cire «. Il favoit que le
Courtifan loue par habitude, juge avant de connoître, blâme fans examen, cenfure avec malignité,
critique avec fineffe, parle ou fe tait par intérêt, eft
conduit ou éloigné par la politique, change & varie
felon le vœu de la fortune ou de l'efpérance.
Placé dans un rang fi élevé, il s'attachoit conftamment à éloigner les vapeurs de la louange qui
s'élevoient autour de lui ; il favoit diftinguer le
tribut de l'eftime d'avec l'hommage du refpect.
La connoiffance des hommes qu'il s'étoit appli-
qué d'acquérir, lui étoit utile à mériter & à fuir
leurs éloges. S'il defcend par affabilité aux Grands
qui l'entourent ; s'il fe communique aux Etran-
gers qui l'obfervent ; s'il fe montre bienfaifant
envers les malheureux qui l'intéreffent & le ré-
clament ; on le voyoit chercher à être ignoré,
avec le même foin que d'autres en apportent
pour rechercher l'éclat & la célébrité : fa modeftie naturelle fe mêloit toujours à fes entretiens, & venoit embellir fes bienfaits.

Et cette fuite de gloire & de l'éclat n'étoit pas dans L o u i s-Dauphin l'effet d'une pusilla-nimité d'ame que tout effraye, ni d'un senti-ment de soi vil, qui craint l'éclat du jour, & fait mettre un voile entre l'œil du public & les secrets qu'il veut dérober à sa vue. Ce n'étoit pas une fierté raffinée, qui se renferme dans un silence médité, qui, par-là, avertit les au-tres de l'intervalle qui les éloigne, & porte à supposer les lumieres & les talens qui n'éclatent pas au dehors. C'étoit dans le Dauphin un désir noble & simple de rester inconnu : ce qui ne produisit dans Louis XI qu'un esprit soupçon-neux, dans Charles VIII, qu'une ame rétrécie & craintive, étoit dans le Dauphin l'effet d'une vraie noblesse de l'ame.

Qu'ils sont heureux les Princes, quand ils pos-sedent cette science de connoître les hommes, quand ils cedent, pour les choisir, les récom-penser, les appeler auprès d'eux, au vœu de la Nation ! Trop souvent les hommes les plus dignes de leurs regards, qui pourroient être les plus utiles, sont loin de leur vue. O Rois ! le mérite ne connoît ni l'intrigue, ni les bassesses de l'im-portunité ; si vous ne daignez les chercher, ou s'il n'a les ressources du hasard, il est perdu pour vous, & la Patrie ne peut que le regretter, & vous plaindre. Louis Dauphin se sentoit assez

de mérite pour le rechercher, le connoître, l'apprécier, & laisser le sien ignoré.

Mais il est un trait de ressemblance, où les
ames, jalouses d'une noble obscurité, se recon-
noissent dans tous les états & dans tous les siecles.
Charles V est aussi grand dans son cabinet, que
dans la journée de Crécy. Le grand Henri est
aussi grand lorsqu'il embrasse Sully, que dans
les plaines d'Ivry & de Coutras. Il semble que la
base du caractere du Dauphin, ait été cette sen-
sibilité qui le faisoit descendre à connoître les besoins des malheureux, & les unissoit à lui ; qui
le faisoit frissonner au récit des larmes du Peuple, qui le faisoit souhaiter le bonheur général
de ceux qu'il devoit gouverner : c'est alors que le
Dauphin avoit l'ambition de laisser ses bienfaits
ignorés ; c'est alors qu'il se ressouvenoit, qu'il
répétoit qu'un bienfait connu perd beaucoup de
son prix. O ! combien d'infortunés n'ont connu
la main qui les a soulagés, que lorsqu'elle a été
desséchée par le souffle de la mort ? Que ne pou-
vez-vous élever ici la voix, pauvres inconnus,
Noblesse guerriere & malheureuse, arrachée à
la honte de l'indigence par les libéralités secretes
du Dauphin ? Votre reconnoissance s'exprimeroit
d'autant plus vivement, que le témoignage vous
en a été interdit par sa modestie. Il le disoit,
il le justifioit, qu'un bienfait perd son mérite,

quand on ne fait pas épargner au malheureux la honte de le mendier. Taifez-vous, difoit-il un jour à un Officier, dont la reconnoiffance s'efforçoit d'éclater en paroles ; taifez-vous, car affurément je vous ai fait trop attendre.

Qu'il étoit bien employé cet or dont l'Etat le gratifioit fous des titres différens ! Il refluoit dans l'Etat par fes bienfaits & fes largeffes ; tels que l'on voit ces canaux ne recevoir les eaux qui leur font confiées, & qu'ils dérobent quelque temps aux yeux, que pour fertilifer les campagnes où elles fe répandent.

Tant de vertus cachées avec tant de foin, connues feulement par les circonftances qui les ont trahies, de quelle utilité, de quel préfage n'étoient-elles pas pour la France ? Mais, hélas ! cette ombre dont le Dauphin avoit fu fe couvrir pendant quinze années, devoit donc fe confondre bientôt avec l'ombre du tombeau ? C'eft alors que le Dauphin a commencé de paroître tel qu'il étoit ; la mort feule a paru révéler le fecret de cette grande ame. Il femble que cette ombre fimple & modefte, enveloppée jufqu'alors du voile de fa modeftie qui la faifoit difparoître, n'a commencé qu'à ce moment fatal à paroître dans toute fa grandeur & fa majefté : c'eft alors feulement que les yeux de l'Europe entiere ont pu connoître, admirer la fupériorité des motifs qui avoient inſpiré ; conduit le Dauphin pendant toute ſa vie.

Si dans le moment où le Dauphin a apperçu le tombeau qui s'entr'ouvroit ſous ſes pas pour le recevoir , il ne s'eſt pas jugé heureux de diſparoître de deſſus la terre ; s'il a paru goûter l'eſpérance flatteuſe de régner un jour ; s'il a paru un ſeul moment regretter de ne pas monter ſur le trône qui lui paroiſſoit deſtiné , & qui s'éloignoit à ſes yeux appeſantis par le ſommeil de la mort ; ſi ce déſir qu'il a témoigné de reſter inconnu pendant les plus belles années de ſa vie , n'eût été qu'un ſpectacle d'oſtentation ; ſi cette douceur , cette affabilité qui l'ont caractériſé , l'ont abandonné aux approches de la mort ; détruiſons les honneurs que nous avons décernés à ſa mémoire , oublions trente années qui nous ont paru conſacrées à la vertu. Citoyens zélés , impoſez-nous ſilence ; peuples , qui venez ici ſur la tombe du Dauphin chercher des motifs dignes d'éterniſer votre ſouvenir & vos regrets , retirez-vous , éloignez-vous de cette tombe ; qu'elle ſoit loin de votre penſée , comme elle eſt loin de vos yeux (a).

Louis de Bourgogne , auguſte Eleve de Fénelon ; Louis-Dauphin , pere & modele de

____

(a) Monſeigneur le Dauphin eſt inhumé dans l'Egliſe Métropolitaine de Sens.

Louis XVI ; Princes infortunés , quel eft celui que la poftérité doit plaindre le plus ? Quel eft celui que nous devons le plus regretter ? O Princes! vous n'avez rien fait pour nous ; vous avez caché vos vertus ; un voile d'obfcurité a couvert tous vos jours : hélas ! votre fouvenir s'éloignera de nos neveux à proportion de l'intervalle des temps .... Pourquoi , parmi les monumens élevés à la gloire des Princes dignes de mémoire , dont cette capitale cherche à s'embellir , ne voyons-nous pas les ftatues de Louis de Bourgogne , & de Louis-Dauphin ? Quel Dauphin , depuis Charles V , le premier qui a été décoré de ce nom , l'a plus illuftré ? Pourquoi les Arts ne fe réuniffent-ils pas pour donner la vie au marbre , & éternifer à nos yeux les traits de l'incomparable Dauphin ? Ne nous femble-t-il pas entendre la voix du Dauphin qui fe ranime de fa tombe , pour nous dire : » Peuples que j'aimai , & que j'aurois voulu rendre heureux , quand vous entrerez dans ce Temple fameux où repofent les cendres de vos Rois , parmi les tombeaux de mes ancêtres vous ne trouverez pas le mien. J'ai tremblé , même en mourant , de vous être à charge : fi mes cendres repofent ici , mon cœur eft au milieu de vous; mes Enfans & mon Fils me font revivre à vos yeux «.

O Princes ! dont la naiffance nous donna tant

de joie, dont la jeuneſſe nous cauſa tant d'alar-
mes; dont l'âge mûr mérita tant d'admiration,
dont la mort nous cauſa tant de regrets, pourquoi ne vous êtes-vous reſſemblés par tant de
vertus, que pour vous reſſembler par une mort
ſi prompte ? Que de cruels ſacrifices ont précédé
ce dernier moment ! Une jeuneſſe qui faiſoit tout
eſpérer, des enfans qui faiſoient l'eſpérance de
vos jours & de l'Etat, un Trône qui ſe préſen-
toit orné de tous ſes avantages, l'eſpérance ſi
flatteuſe & le déſir de faire le bonheur d'un
Peuple entier, l'eſpérance même de faire toujours triompher la Religion & de la placer ſur
le trône à ſes côtés, autant de ſacrifices qu'il lui
fait dans les bras de la mort. Il ſoumet tout à la
main du Dieu qui vient l'arrêter, & laiſſant le
trône derriere lui, il deſcend d'un pas intrépide
& lent dans la tombe que la Religion vient ouvrir devant lui. A cet inſtant terrible, le voile
d'obſcurité qui l'avoit enveloppé pendant trente
ans, ſe déchire à la lueur des flambeaux de la
mort; & la France, étonnée de ce ſpectacle,
reconnoît la grandeur & les vertus de ce Prince,
au moment qu'il eſt prêt à lui échapper.

Virtus eſt aliorum ſcientia, & ſui.
Senec.

F I N.

Lu & approuvé. DE SAUVIGNY.
Vu l'Approbation, permis d'imprimer, LENOIR.

I